평신도 제자화를 위한
5단계 제자훈련 교재

제 1단계 핵심반

신분 바꾸기

KB202968

저 자
유 선 호 목사
신학박사, Th. D.

 글샘

제 1단계 핵심반

신분 바꾸기

발　　행 | 초판 1쇄 2015년 3월 30일

지 은 이 | 유선호

펴 낸 이 | 황성연

펴 낸 곳 | 글샘 출판사

주　　소 | 서울시 중랑구 상봉동 136-1 성신빌딩 3층

등록번호 | 제8-0856호

I S B N | 89-91358-44

총　　판 | 하늘물류센터

전　　화 | 031-947-7777

팩　　스 | 0505-365-0691

북 디자인 | 최수정

※ 글샘은 가정사역을 위한 하늘기획의 또 다른 이름입니다.

5 Step Disciple Training Textbook

1st Step,

Changing
Your Spiritual Status

by Rev.
Yoo, Sern Ho
Th. D.

GEULSAEM PUBLISHING

✅ 이 과정의 중요성

1. 건물을 지을 때에 가장 중요한 공사는 기초공사입니다.
   기초공사가 잘못되면 건물이 붕괴될 수도 있습니다.
   예수님도 그렇게 말씀하셨습니다(마 7:24-27).
2. 오늘날 한국교회의 모든 문제는 기초와 기본이 약한 데서
   파생되고 있는 것으로 진단되고 있습니다.
3. 이 (제1단계) 과정은 기독교 신앙의 기초와 핵심이 되는
   『복음의 본질』을 명확히 체득할 수 있는 매우 중요한
   과정입니다.
4. 따라서 신앙의 연조나 직분에 상관없이 누구나 한번쯤은
   수강할 필요가 있습니다.

✅ 주의사항

1. 출석은 원칙적으로 100% 출석을 요합니다.
2. 빠진 과들은 동영상을 보시고 독습하신 후 내용을 요약해서
   내시기 바랍니다.
3. 20% 이상 결석하시는 분은 재수강하셔야 합니다.
4. 시험은 60점 이상 취득해야 수료가 가능합니다.
   그 이하는 재시험을 보셔야 합니다.(재시험은 유료입니다.)
5. 60세 이상 되신 분은 시험 면제입니다.
6. 100점 만점자는 다음 과정 수강료 면제의 장학 특전을
   드립니다.

차 례

제1과 **근본문제를 해결하라** ················· 09

제2과 **문제의 원인을 제거하라** ················· 21

제3과 **조건을 만족시켜라** ················· 31

제4과 **문제의 해답을 발견하라** ················· 43

제5과 **결단하라 (회개, 믿음, 영접)** ················· 53

제6과 **확신을 가져라 (구원의 확신)** ················· 65

제7과 **특권을 누려라** ················· 73

제8과 **축복의 원리를 적용하라** ················· 85

원리를 알면 팔자를 바꿀 수 있다.

▶ "팔자"는 고칠 수 없다는 생각이 문제

1부터 9까지의 숫자 가운데서 8자를 제외하고 다른 모든 숫자들은 고칠 수가 있습니다. 예를 들면, 1자를 4자나 7자로 고칠 수 있고, 3자를 8자로 고칠 수 있습니다. 그러나 오직 하나 8자만은 다른 숫자로 고칠 수가 없다고 합니다. 그래서인지 사람들은 팔자(八字)는 고칠 수 없다고 합니다. 그러하여 대부분의 사람들이 체념하고 한숨 쉬면서 자신의 부서진 꿈(Vision)을 바라보는 가운데 고장 난 인생을 붙잡고 아파하고 있습니다.

인도 같은 힌두교 국가나 불교 국가들이 후진성을 면치 못하고 못사는 이유를 아십니까? 그것은 그들의 종교와 문화적 요인 때문입니다. 힌두교의 경우 카르마(Karma, 업보, 인과응보 사상, 인간의 현세의 운명은 전생의 행위에 의해서 결정된다는 사상으로 일종의 숙명론)[1]의 교리 때문에, 운명은 신이나 인간도 바꿀 수 없다고 생각합니다.[2] 따라서 그들은 자신들의 삶을 바꿀 생각을 하지 않고 인생을 새롭게 살려는 의욕이 없습니다. 그렇기 때문에 질병과 가난에서 벗어나지 못하고 문화와 역사가 발전하지 못한다고 학자들은 지적합니다.[3]

결국 팔자는 고칠 수 없다는 생각이 문제인 것입니다.

▶ 그러나 팔자는 바꿀 수 있다.

어느 분으로부터 8자를 바꿀 수 있다는 말을 들었습니다. 8자를 넘어뜨리면 (뉘어놓으면) ∞(수학에서의 '무한대')가 된다는 것이었습니다. 놀라운 발상이었습니다. 8자를 다른 숫자로 고칠 수는 없지만, 팔자(8)를 무한대(∞)로 바꿀 수는 있다는 것입니다. 그렇습니다. 나의 팔자(八字)도 얼마든지 바꿀 수 있습니

---

1) 전호진, 「종교다원주의와 타종교 선교전략」 (서울: 개혁주의 신행협회, 1992), p.165.

2) Ibid., p.178.

3) Hans-Werner Gensichen Und Horst Rzepkowski, Missions Theologie (Berlin : Dietrich Reimer Verlag, 1985), p.172.-전호진, op. cit., p.181.에서 재인용.

다. 무한한 가능성이 있는 나의 인생을 체념하며 살 수는 없습니다. 얼마든지 성공하며, 얼마든지 행복하고 보람 있는 인생으로 변화될 수 있습니다.

어떻습니까? 팔자와 운명은 고칠 수 없다는 철학을 당신의 것으로 받아들이고 그냥 이대로 사시겠습니까, 아니면 "원리만 알면 팔자는 얼마든지 바꿀 수 있고 내 인생도 새롭게 될 수 있다"는 철학을 받아들여서 새로운 인생을 사시겠습니까?

「관상쟁이가 될 뻔했던 나의 인생」이란 수기를 쓴 분이 있습니다. 이 분은 초등학교 6학년 때 할아버지 어깨너머로 관상을 배웠다고 합니다. 유명한 작명가였던 할아버지는 이름만 들어도 그 사람의 팔자를 알아맞히는 분이었는데, 이 분은 할아버지보다 한 술 더 떠서 학문적으로 파고들었다고 합니다. 그래서 많은 사람들을 대상으로 연구를 하였고, 그 결과 사람들이 태어난 시, 때, 나이를 통해서 "당신은 청상과부이다.", "자식이 없군요."하면서 관상을 본다는 것입니다.

그런데, 이 분이 이상한 현상을 한 가지 발견했습니다. 이름을 가지고 관상을 보면 대략 80% 정도의 사람들은 알아맞히는데 비해, 나머지 20%에 해당되는 사람들의 관상은 맞지 않는 것이었습니다. 연구를 거듭하면서 "왜 안 맞을까?" 하고 조사를 해보니, 그 20%에 해당되는 사람들이 전부 예수 믿는 사람들이라는 것을 발견했습니다.

"분명히 팔자는 틀림이 없는데 왜 안 맞을까?!" 그 이유를 알아야 관상학에 있어서 세계 제일이 될 수 있겠기에, 도대체 교회에는 어떤 것이 있는지 알아보려고 교회를 출석하게 되었고, 성경을 보다가 예수를 믿으면 팔자가 바뀐다는 엄청난 사실을 발견하게 되었다는 것입니다. [4]

▶ 원리를 알아야

"아, 결국 예수 믿으라는 얘기하려고 그러는구먼..." 하면서 이 책을 덮으셔도 좋습니다. 그러나 정말 팔자를 바꾸고 싶다면 원리를 알아보시기 바랍니다.

자연계에도 일정한 법칙이 있어서 질서 있게 운행되고 있는 것처럼, 인생에도 원리들이 있어서 그러한 원리들을 거스르고는 결코 인생에 성공할 수 없다는 것

---

4) 김창수, 「현대 성경생활 예화집」 (서울: 도서출판 영문, 1996), pp. 32-33.

을 알아야 합니다. 사람들이 실패하여 불행한 인생을 살고 있는 이유는 그들이 원리를 거슬러서 살기 때문입니다. 옛말에 "아는 것이 힘이라"고 하였고, 예수 님께서도 "진리를 알찌니 진리가 너희를 자유케 하리라(요한복음 8장 32절)"고 하셨습니다. 당신의 인생을 성공으로 바꿀 수 있고, 내세에 영원한 생명까지 보 장해 주는 참된 진리를 알고 싶지 않습니까?

▶ 알아보려고도 하지 않기 때문에

하나님을 부인하고 내세를 인정하지 않는 많은 사람들을 만나보았습니다. 그 러면서도 그들은 자신의 존재 자체를 부인하지는 못하고 있었습니다. 그리고 미 래에 대해서, 특히 죽음에 대해서 굉장히 두려워하고 있었습니다. 자동차 하나 를 새로 사기만 해도 돼지 머리 놓고 고사를 지내는 것이었습니다. 자동차 룸미 러(Room Mirror)에 염주와 묵주를 걸고 다니는 수많은 사람들을 보았습니다. 천국과 지옥을 부인하면서, 하나님의 심판도 부인하면서도 그들은 왜 죽음을 두 려워할까요?

믿지 않는 막연한 무신론자든지, 교회 안에 있는 명목상의 기독교인이든지 간 에 공통점이 있습니다. 그것은 진지하게 알아보려고 하지 않는다는 것입니다. 교회를 한두 번 가보고는 마치 기독교에 대해서 다 알고 있다는 듯이 빈정거리 고 비판하는 사람들과, 혹은 교회를 다니고 있기는 하지만, 그리고 신상기록서 의 "종교"란에 "기독교"라고 쓰기는 하지만, 복음의 참된 진리를 알지도 못하고 알려고도 하지 않는 무관심한 교인들이 대부분이었습니다. 바로 이러한 자세가 인생을 바꾸지 못하는 근본적인 이유가 아닐까요?

이 책의 내용은 이미 여러 교회에서 임상실험을 통하여 그 우수성이 인정받고 있는 바, 이번에 시중에 출판 유통되어 더 많은 분들과 함께 그것을 나눌 수 있 음을 기쁘게 생각합니다. 바라건대 지금도 고장 난 인생을 살면서 자신의 부서 진 꿈을 바라보며 괴로워하는 모든 이들을 능히 새롭게 하실 수 있는 하나님의 은총이 함께 하시길 빕니다.

주후 2015년 2월에

평신도 제자화의 꿈을 꾸면서

유 선 호 목사

1

근본문제를 해결하라

너는 하나님과 화목하고 평안하라 그리하면 복이 네게 임하리라 〈욥기 22:21〉

제1과 근본문제를 해결하라

1980년대 초반으로 기억됩니다. 비디오(VTR)가 처음으로 사용되기 시작할 무렵이었습니다. 주일학교 유초등부 주일 오후 예배 시간에 아이들에게 비디오를 보여 주려고, 선생님 한 분이 친척집에서 비디오를 빌려오셨습니다. 물론 비디오테이프는 기독교 백화점에서 빌려왔고요. 까만 썬팅지로 창문을 막아서 어둡게 하고, 전등불도 끈 다음 비디오를 틀었습니다.

그러나 이게 웬일입니까? 비디오가 작동되지 않는 것입니다. 이렇게, 저렇게 해봐도 비디오는 작동되지 않았습니다. 다급해진 부장 집사님이 드라이버를 가지고 비디오를 뜯어 봤습니다. 그랬더니 비디오테이프가 아주 천천히 돌아가고 있었습니다. 드라이버를 가지고 여기저기를 건드려 보고 쑤셔도 봤지만, 효과가 전혀 없었습니다.

아이들이 지켜보는 가운데, 한 30분 이상 땀을 흘리며 실랑이를 한 뒤에야 할 수 없이 교회 밑에 있는 전파사에 가지고 갔습니다. 자초지종을 듣고 난 전파사 주인이 물었습니다.

"교회 전기가 몇 볼트인데요?"

"110 볼트인데요."

"아니 비디오는 220볼트에 맞춰있는데, 110볼트 전기에 쓰면 되겠습니까?"

세상에 이런 어처구니없는 일이 있습니까? 일이 그러한데도 드라이버로 여기 저기 쑤셔댄다고 될 일입니까? 비디오에 있는 전환 스위치를 110볼트에 맞춰놓고 작동하니 선명한 화면이 나타나지 뭡니까? 너무나 간단하게 해결될 문제였지만, 그것이 근본적인 문제였습니다.

인생도 그렇지 않겠습니까? 인생에도 근본문제가 해결돼야 나머지 일들이 순탄하게 풀리게 된다는 원리는 동일할 테니까요. 그럼 먼저 우리 인생이 안고 있는 3가지 중요한 문제부터 살펴보도록 하겠습니다.

I. 인생의 3대 문제

1. 현재 당신의 문제들은?

_____

2. 인생의 종점은?

〈전 5:15〉

_____

3. 피할 수 없는 두 가지는?

〈히 9:27〉

_____

심화학습

I. 인생의 3대 문제

A. 온갖 고통

B. 죽음

〈이집트 박물관의 그림〉

C. 심판

D. 미리 준비함이 참 지혜

II. 인생의 근본문제

이와 같이 인간이 불행해진 근본 이유가 무엇입니까? 왜 인간들은 여러 가지 고통을 겪으면서 살아야 하고, 죽음과 심판을 당해야 할까요? 그것은 바로 하나님을 떠났기 때문이라고 성경은 말해 주고 있습니다.

4. 아비 집을 떠난 탕자의 삶은 결국 어떻게 되었나?

〈눅 15:15-16〉

5. 인생이 불행한 근본 이유는 무엇입니까?

〈렘 2:19〉

6. 돌아온 아들은 어떤 대접을 받았나요?

〈눅 15:22-24〉

심화학습

II. 인생의 근본문제

A. 탕자의 비유

B. 하나님을 떠났기 때문

〈창 1:26-28〉을 먼저 읽고 나서.

〈요 15:5〉 포도나무의 비유(하나님을 떠나서는 살 수 없다.)

〈왕상 11:9-13〉 솔로몬 왕의 불행

C. 하나님께 돌아와야 한다.

 1)하나님께 돌아오면, 하나님의 자녀(양자)가 되어 영적 신분이
   바뀐다.
 2)영적 신분이 바뀌면, 팔자가 달라지고 운명이 달라진다.

Ⅲ. 사탄의 두 가지 속임수

그럼에도 불구하고 마귀 사탄(Satan)은 사람들 속에 거짓된 진리를 심어 주어서 사람들로 하여금 진리를 깨닫지 못하고 하나님께 돌아가지 못하도록 하고 있습니다.

오늘날 사탄(Satan)이 사람들로 하여금 하나님을 떠나도록 하기 위해서 만든 두 가지 커다란 거짓말이 있는데, 하나는 "무신론(無神論)"이고, 또 하나는 "진화론(進化論)"입니다. 이러한 사상에 의해서 사람들은 세뇌되어서 하나님을 떠나 방황하며 불행한 삶을 살고 있는 것입니다. 이제 몇 가지로 사탄의 속임수인 "무신론"과 "진화론"의 허구성을 살펴보도록 하겠습니다.

7. 가장 어리석은 자는?

〈시 14:1〉

8. 인간은 어떻게 지음 받았습니까?

〈창 1:27〉

9. 존귀에 처하나 깨닫지 못한 자는?

〈시 49:20〉

심화학습

Ⅲ. 사탄의 두 가지 속임수

무신론과 진화론에 대한 기독교적 반증은 다음과 같습니다.

A. 유신논증(무신론에 대한 반증)

1) 우주만물의 증거 : 만드신 분이 있다.

① 동전 10개 실험 ⇒

② 지구의 적도 부분에서의 자전속도 1600km/h ⇒

③ 태양의 표면 온도는 7000° K. 지구의 태양과의 거리는
   15000만km. ⇒

④ 지구의 기울기는 23° ⇒

⑤ 달이 지구와 좀 더 가까우면(8만km 정도),

⑥ 바다 깊이가 지금보다 몇m 만 더 깊다면 ⇒

⑦ 지각이 3m만 더 두껍다면 ⇒

※ 사람의 신체
① 혈관의 길이 :
② 두뇌 :
③ 귀 :
④ 세포 :

2) 인간의 양심과 종교성의 증거

3) 생명의 증거

4) 조화의 증거(팻톤, Patton)

B. 진화론의 비과학성

※과학적 사실이란?(가설 → 실험 → 증명 = 과학적 사실)

1)발생학적 사실 : 1862년 파스퇴르의 실험(Swan-neck) ⇒
자연발생설 폐기.

2)열역학적 증거 : 에너지보존의 법칙과 엔트로피

3)생물학적 증거 : 유전자 교정 장치(DNA repair system)
                초파리 실험의 진상

4)화석학적 증거 : 중간 변종의 화석은 없다

5)인류학적 증거 :
 ①오스트랄로피테쿠스 :
 ②피테칸트로푸스(자바 원인) :
 ③네안데르탈 인 :
 ④크로마뇽 인 :
 ⑤필트다운 인 :

6) 연대 측정(지구의 나이) :
 ①탄소 C-14에서 C-12 의 반감기는 5600년
 ②지구 자장 반감기 : 1400년 ⇒

 ③지구의 회전속도 : 점점 느려짐 ⇒

7)진화론자들의 결론 : 1980년 10월 16-19일, 미국 시카고에서
전 세계 진화론학자 160명이 "대진화" 라는 주제로 회의 결과
⇒

8)캔자스 주 결정 :

9)버지니아 주 실험 :

C. 하나님 없는 삶은 허무하다.

1)하나님의 형상대로 지음 받은 인간 :

2)유명한 이들의 자살 이유 :

3)솔로몬의 깨달음(전 2:3-11 / 12:13)

- ※ 파스칼(Pascal)의 말

Ⅳ. 근본적인 해결

인간의 모든 불행과 저주의 원인은 축복의 원천인 하나님을 떠난 데 있기 때문에, 하나님께 돌아 갈 때 근본적으로 문제가 해결되는 것입니다. 하나님을 떠나서 혹은 하나님과 원수가 된 상태에서는 결코 축복된 인생을 살 수가 없습니다. 하나님께 돌아가서, 하나님과 화목하게 될 때 비로소 인생은 영육 간에 형통하고 평안한 삶을 누리게 되는 것입니다.

10. 평안하고 복된 삶의 비결은 무엇입니까?

〈욥 22:21〉

11. 인생 성공의 비결은?

〈마 6:33〉

12. 하나님께로 가는 유일한 길은?

〈요 14:6〉

IV. 근본적인 해결

A. 하나님께 돌아가야 한다.

1)하나님을 대적하는 사람들

2)하나님께 돌아가야 한다.

B. 축복된 삶의 원리는 우선순서

1)신분을 바꾸면 인생이 달라진다(요1:12).

2)우선순서를 바꿔라

3)하나님께 가는 유일한 길(요 14:6)

C. 결론 :

1) 근본문제를 해결해야, 인생이 달라진다.

2) 영적 신분을 바꾸면, 당신의 인생은 풍성하고 축복된 삶으로 변화된다.(요 10:10)

팔자를 고치고 싶으십니까? 인생을 바꾸고 싶으십니까?

그렇다면 먼저 근본문제를 해결하십시오. "하나님과의 관계개선" 말입니다. 먼저 당신의 영적인 신분을 바꾸십시오. 그러면 당신의 육적인 삶(팔자)은 저절로 바뀔 것입니다. 우주 만물을 창조하시고, 지금도 그 만물을 다스리시고 계시는 만왕의 왕이신 하나님을 아버지로 모시고 그분의 자녀가 되십시오, 그러면 당신의 삶과 운명은 달라질 것입니다.

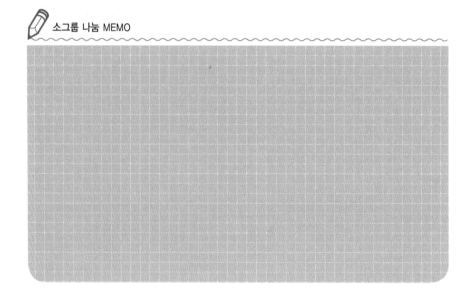

소그룹 나눔 MEMO

2

문제의 원인을 제거하라

그러므로 너희가 회개하고 돌이켜 너희 죄 없이 함을 받으라 이같이 하면
유쾌하게 되는 날이 주 앞으로부터 이를 것이요 〈사도행전 3:19〉

제2과 문제의 원인을 제거하라

대략 2000년대 초의 일로 기억됩니다. 하루는 우리 아이들이 저한테 와서 말하기를 "아빠, 비디오가 이상해요. 고쳐 주세요."하는 것이었습니다. 그래서 가봤더니, 화면의 그림이 아래위로 마구 왔다 갔다 하기 때문에 도저히 볼 수가 없었습니다. 이리저리 조절을 해보고, 테이프를 다른 것으로 바꿔서 틀어 봐도 마찬가지 현상이었습니다.

할 수 없이 비디오(VTR)를 가져다가 뚜껑을 열고 자세히 살펴보았습니다. 그랬더니 눈에 띄는 이물질이 있었습니다. 테이프가 지나가는 코스 중의 한 곳에 머리카락보다 좀 굵은 테이프 조각이 철심에 똘똘 말려 있었습니다. 그것을 빼내자 비디오 화면이 선명하게 정상으로 돌아왔습니다.

인생에 있어서도 어떤 문제가 있다면, 거기에는 반드시 원인이 있을 것입니다. 그 문제의 원인을 제거하게 될 때 비로소 문제는 해결되는 것입니다.

따라서 이 과에서는 인간이 하나님을 떠나게 된 원인이면서, 또한 동시에 하나님과 인간의 사이를 가로막고 있는 이물질인 죄(罪)에 대해서 살펴보도록 하겠습니다.

I. 인생의 3대 문제

1. 모든 사람이 하나님의 영광에 이르지 못하게 된 원인은 무엇입니까?

〈롬 3:23〉

2. 우리와 하나님 사이를 내게 한 것은 무엇입니까?

〈사 59:2〉

I. 문제의 원인

A. 원인을 제거해야 문제가 해결 된다.

1) 문제에는 반드시 원인이 있다.
2) 원인을 찾아서 제거해야 해결된다.

B. 문제의 원인은 죄이다.

1) 인간의 문제는 하나님을 떠난 것.
2) 인간이 하나님을 떠난 것은 죄 때문

Ⅱ. 사람들의 착각과 오해 3가지

인간의 근본문제가 죄로 말미암아 하나님을 떠난 데 있건만, 사람들은 죄에 대해서 무감각한 채 일종의 자만심에 빠져 멸망의 길을 고집하고 있습니다. 이 문제와 관련하여 사람들이 갖고 있는 착각과 오해는 3가지 종류가 있습니다.

3. 이 세상에 죄 없는 사람은 누구입니까?

〈롬 3:10〉   〈전 7:20〉

4. 죄 없다고 주장하는 사람은 어떠한 사람입니까?

〈요일 1:8〉

5. 가장 큰 계명은 무엇입니까?

〈마 22:36-38〉

6. 어떤 사람에게 예수님이 필요합니까?

〈눅 5:31-32〉

심화학습

Ⅱ. 사람들의 착각과 오해 3가지

A. 자신은 죄가 없다고 착각(1)

1) 나는 죄가 없다. - 죄 짐을 못 느낌

2) 성경

B. 그렇게 큰 죄는 짓지 않았다 (2)

1) 나는 지옥 갈 만큼의 죄인은 아니다.
2) 죄에 대한 하나님의 관점(가장 큰 계명은?)
  ※ 십계명의 분류

3) 작은 죄인들의 착각

4) 크던 작던 모든 죄인은 지옥 간다.(약 2:10)

C. 예수님에 대한 오해 (3)

1) 나는 죄가 많아서 예수 못 믿는다.
2) 병자에게라야 의원이 필요하다.
3) 예수님은 죄인을 부르러 오셨다.

Ⅲ. 죄란 무엇인가?

사람들은 생각하기를 살인, 간음, 도적질 등 남을 해치거나 나쁜 짓을 하는 것이 "죄"라고 생각합니다. 물론 그런 것들이 죄가 아니라고 할 수는 없지요. 하지만 그것들은 하나님과 사람 사이를 원수 되게 한 "죄"라는 이물질의 본질을 의미하는 것들은 아닙니다.

7. 죄가 무엇입니까?

〈렘 2:19〉   〈롬 14:23〉

〈요일 3:4〉   〈요일 5:17〉

8. 죄가 어떻게 해서 생겼습니까?

〈롬 5:12,19〉

심화학습

Ⅲ. 죄란 무엇인가?

A. 용어

1)하타 :
2)로샤마 :
3)하마르티아 :

B. 정의

1)하나님을 믿지 않는 것
2)하나님의 뜻에 맞지 않는 것
   (불신앙, 불법, 불의)

C. 죄의 기원

　1) 아담의 타락(불순종)으로
　2) 대표성의 원리(나하고 그것이 무슨 상관?)

D. 죄의 종류

　1) 원죄(original sin) :

　2) 자범죄(actual sin) :

　3) 모든 자연인은 죄인이다(롬 3:10, 원죄와 자범죄).

IV. 죄의 결과

인류의 조상 아담이 하나님의 명령을 불순종하여 범죄한 결과는 저주 그 자체입니다. 이것은 창세기 3장에 자세하게 기록되어 있습니다(창세기 3:16-24). 죄로 인한 결과들은 이미 앞에서 직간접으로 거론되었지만, 여기서 다시 한 번 요약 정리해 보고자 합니다.

9. 악한 행실(죄)의 결과는 무엇입니까?

　〈골 1:21〉　　　　　　　　　　〈요일 3:8〉

10. 사람의 마음은 어떻게 되었습니까?

　〈렘 17:9〉

11. 아담의 불순종의 결과는 무엇입니까?

〈창 3:17〉　　　　　　　　　〈창 3:23〉

12. 죄의 삯은 무엇입니까?

〈창 3:19 / 롬 6:23〉

심화학습

Ⅳ. 죄의 결과

A. 관계 파괴(신분상실)

1) 하나님과 원수가 됨
2) 마귀에게 속함(죄와 사망의 종)

B. 인간성의 부패

C. 축복상실(저주) : 창 3:8-24

1) 염려 근심
2) 인간관계 파괴
3) 가난
4) 질병
5) 축복 상실(에덴 추방)

D. 죽음과 심판

1) 육적, 영적 죽음
2) 심판

V. 문제의 원인을 제거하는 법

옷에 더러운 것이 묻었다면 사람들은 어떻게 합니까? 옷을 빨아야 합니다. 몸에 때가 많다면요? 물론 목욕을 해야 합니다. 그러면 우리가 죄로 인해서 영육 간에 더러워지고 하나님과 원수가 되어 축복을 상실하였는데, 어떻게 해야 하겠습니까? 그야 물론 이 죄 문제를 먼저 해결해야 하는 것입니다. 그래서 하나님과 화목하게 되어 관계를 회복해야 합니다. 잃어버린 축복을 회복하고, 영생을 얻어야 합니다.

13. 유쾌하게 되는 삶이 오게 하려면 어떻게 해야 합니까?

〈행 3:19〉

14. 죄를 용서받으려면 어떻게 해야 합니까?

〈요일 1:9〉

15. 무엇으로 죄를 깨끗케 할 수 있습니까?

〈요일 1:7, 엡 1:7〉

16. 무슨 법칙에 의해서 그렇습니까?

〈히 9:22〉

심화학습

V. 문제의 원인을 제거하는 법

A. 죄 문제를 먼저 해결하라

1) 하나님과 화목 – 관계 회복
2) 축복
3) 영생

B. 자백하고 회개하라

1) 의인은 없다. – ※파스칼의 '희망이 있는 죄인'과
   '희망이 없는 죄인'
2) 자백하고 회개하면 불쌍히 여김을 받는다.

C. 그리스도의 보혈을 의지하여 죄사함 받으라

1) 피흘림이 없은즉 죄사함이 없다.(히 9:22)
   (※기름 묻은 그릇은 세제로 닦아야 한다.)
2) 예수 그리스도의 보혈의 능력(히 9:14)

D. 지금 곧 예수 그리스도의 대속을 믿고 죄사함을 받으라.

죄의 삯은 사망입니다(로마서 6:23). 피 흘려 죽어야만 그 죄 값을 치를
수가 있는 것입니다. 그런데 그리스도께서 십자가에서 당신의 죄를 대신 담
당하여 피 흘려 죽으셨습니다(베드로전서 2:24). 그렇기 때문에 그리스도를
믿을 때에 당신은 죄사함을 받을 수가 있고, 그 피가 당신을 죄에서 깨끗케
할 수 있는 것입니다(요한일서 1:7).

그러기에 예수 그리스도만이 당신이 하나님께 갈 수 있는 유일한 길이 되
시는 것입니다(요한복음 14:6). 지금 곧 예수께서 십자가에서 당신의 죄악
들을 대신하여 피 흘려 죽으신 것을 믿으시기 바랍니다. 그리고 그 피로 당
신의 죄를 깨끗케 해달라고 하나님께 간구하시기 바랍니다. 그리하면 죄사
함을 받고, 죄에서 깨끗함을 얻을 것입니다.

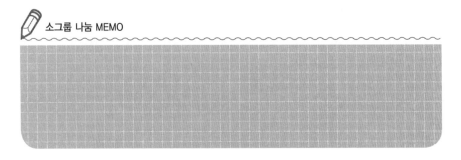

소그룹 나눔 MEMO

3
조건을 만족시켜라

예수께서 대답하여 가라사대 진실로 진실로 네게 이르노니
사람이 거듭나지 아니하면 하나님 나라를 볼 수 없느니라 〈요한복음 3:3〉

제3과 조건을 만족시켜라

제가 고등학교 2학년 때로 기억합니다. 제가 다니던 유한공고는 서울 오류동에서 부천으로 가다보면, 역곡 조금 못 가서 서울시와 경기도(부천시)의 경계가 이루어지는 곳에 있습니다.

어느 날 2학년 학생 중 하나가 수업이 끝난 후 교문을 나와서 부천 쪽으로 걸어가고 있었습니다. 그런데 건너편에서 부천 쪽으로 달리던 자동차가 중앙선을 넘어와서 반대쪽 인도로 걸어가던 이 학생을 뒤에서 치었습니다. 그 학생은 졸지에 영문도 모른 채 그 자리에서 즉사하고 말았습니다.

너무나 어이없는 사건이었습니다. 그런데 궁금한 것은 "그 학생은 과연 천국에 갔을까?"하는 것입니다. 글쎄요. 오늘 만약 죽는다면, 당신은 천국에 가십니까? 과연 어떤 사람이 천국에 갈까요? 그야 물론 하나님의 조건을 만족시킨 사람들이 가겠지요.

I. 유일한 조건

1. 전에는 우리가 다 본질상 어떤 자이었습니까?

〈엡 2:3〉
_____

2. 에베소 사람들이 믿기 전에는 어떤 상태였습니까?

〈엡 2:1〉
_____

3. 하나님 나라를 볼 수 있는 조건은 무엇입니까?

〈요 3:3〉
_____

I. 유일한 조건

소돔이 망한 이유 :

A. 사람들의 오해

1) 착하게 살면 된다.

2) 교회 다니면 된다.

B. 하나님의 조건

1) 니고데모 이야기(의인, 사회적 지위, 성경지식, 종교인)

2) 예수님의 조건 :

3) 스펄젼의 예증 :

C. 거듭남의 필요성

※ 웨슬레의 설교
※ 스펄젼의 3000번 설교
1) 죄인이기 때문에 :
2) 영적 사망자이기 때문에 :
3) 거듭나야 하나님나라 간다.

II. 거듭남이란?

거듭남이란 말은 세상에서도 종종 쓰여지는 말이기 때문에 진정한 의미가 자주 퇴색되곤 합니다. 깨끗한 정치인들이 되기를 바라면서, "정치인들이 거듭나야 한다."고 말하기도 하고, 사람들이 착하게 되기를 바라는 의미에서 "거듭나야 한다."는 말을 흔히 사용하기도 합니다.

또한 교회 다니는 사람들의 경우에도 교회를 안 빠지고 잘 다니거나, 주일 성수와 십일조 등 신앙생활을 잘 하게 되면 거듭났다고 생각하거나, 혹은 성경을 많이 읽어 성경지식을 많이 갖게 되거나 생활이 좀 더 거룩하고 의롭게 되었음을 의미하는 말로 생각하는 경향이 있습니다.

하지만, 이러한 모든 것들은 본래적 의미의 거듭남과는 전혀 상관이 없고, 사람들의 착각이나 오해에 불과합니다. 그렇다면 거듭남의 진정한 의미는 무엇일까요?

4. 하나님께서 독생자를 주신 목적이 무엇입니까?

〈요 3:16〉

5. 예수를 영접하고 그 이름을 믿는 자들에게 주신 것은?

〈요 1:12〉

6. 우리의 시민권은 어디에 있습니까?

〈빌 3:20〉

심화학습

II. 거듭남이란?

A. 사람들의 오해

B. 어의

　1)헬라어 :

　2)어의 :

C. 정의

D. 3대 본질 : 첫 번째 태어남과의 비교

　1)생명 :

　2)신분 :

　3)시민권 :

E. 4대 특색

Ⅲ. 거듭남의 방법

우리를 거듭나게 하시는 분은 하나님이십니다(베드로전서 1:3). 오직 하나님만이 우리의 영혼을 구원하실 수 있고, 또한 구원은 하나님의 선물입니다(에베소서 2:8-9). 우리에게 영생을 주시어서 우리가 거듭나서 하나님의 자녀가 되게 하시는 분은 하나님이시라는 말입니다. 이 말의 의미는 사람이 거듭나는 것은 자신의 행위나 노력이나 혈통에 의한 것이 아니라, 전적으로 하나님께서 하시는 일이라는 말입니다.

7. 우리를 거듭나게 하시는 분은 누구입니까?

〈벧전 1:3 / 참고: 요 1:13〉
_____

8. 누가 하나님께로서 난 자 입니까?

〈요일 5:1〉
_____

9. 결국 우리는 어떻게 영생을 얻을 수 있습니까?

〈요 3:14-15〉   〈요 20:31〉
_____

〈요일 5:11-13〉
_____

심화학습

Ⅲ. 거듭남의 방법

　A. 중생은 하나님의 사역이다.(벧전 1:3)

　B. 믿음으로 거듭난다.

Ⅳ. 거듭남의 매개체

앞에서 우리는 예수를 믿음으로 거듭난다는 것을 배웠습니다. 그런데 믿음은 어디서 오는 것입니까? 사람들이 하나님 말씀을 들을 때에 성령께서 그 말씀을 통하여 역사하고, 사람들의 마음을 감동하여야만 비로소 그들의 마음속에 믿음이 생겨나는 것이요, 자신도 모르게 믿어지는 역사가 나타나는 것입니다.

10. 믿음은 어디서 생깁니까?

　〈롬 10:17〉

11. 성령으로만 가능한 것은 무엇입니까?

　〈고전 12:3〉

12. 우리는 무엇으로 거듭나게 되나요?

　〈벧전 1:23〉　　　　　　　〈요 3:5-8〉

심화학습

Ⅳ. 거듭남의 매개체

A. 믿음이 생김

　1) (롬 10:17)

　2) (고전 12:3)

B. 중생의 역사

　1) (고전 4:15 / 벧전 1:23)

　2) (딛 3:5)

C. 거듭남의 매개체(믿음이 생기는 것도, 중생의 역사도)

　1) 말씀　　　　　　　　　　　2) 성령

V. 거듭남의 결과

〈고린도후서 5:17〉에 보면, "누구든지 그리스도 안에 있으면 새로운 피조물이라"고 했는데, 우리가 거듭나서 새사람이 되면 과연 어떤 변화들이 있을까요?

13. 누구든지 그리스도 안에 있으면 어떻게 됩니까?

〈고후 5:17〉   〈요 1:12〉

14. 거듭난 사람에게는 무엇이 어떻게 변화됩니까?

신분 ▶ 〈요 8:44〉   〈요일 3:2〉

성품 ▶ 〈롬 6:17〉   〈롬 6:18〉

인도자 ▶ 〈엡 2:2〉   〈롬 8:14〉

상태 ▶ 〈엡 2:12〉   〈엡 2:13〉

삶 ▶ 〈엡 2:3〉   〈엡 5:8-9〉

심화학습

V. 거듭남의 결과

거듭나면 새로운 피조물이 된다(고후 5:17). 거듭나면 변화되는 기본적인 것들을 표로 나타내면 다음과 같다.

변화된 것	거듭나기 전	거듭난 후
신 분		
성 품		
인 도 자		
상 태		
삶(생활)		

A. 새로운 영적 신분

 1)마귀의 자식에서 하나님의 자녀로(왕족 - 벧전 2:9)

 2)자녀의 특권 :

 3)천국의 후사가 됨(롬 8:16-17)

B. 새로운 성품

 1)죄의 종이 변하여 의의 종이 됨(롬 6:17-22)

 2)새사람을 입음(엡 4:22-24 / 골 3:9-10)

C. 새로운 인도자

 1)악의 영들을 따라 다니던 자들이

 2)하나님의 성령의 인도함을 받는 자가 됨

 ※ 상기와 같이 거듭나면 새로운 피조물이 되어 영적 상태가
    전적으로 변화되어서, 전에는 **멀리 있던** 자들이 그리스도 안에서
    가까워진다.(엡 2: 12-13) 그리하여 새로운 삶을 살게 된다.

D. 새로운 삶

  1)거듭남의 증거는 변화된 삶이다.

VI. 결단

15. 성경을 기록한 목적이 무엇입니까?

  〈요 20:31〉

심화학습

VI. 결단

  A. 거듭나지 않으면

  B. 예수를 믿음으로만 거듭날 수 있다.

  C. 지금 곧 예수를 믿고 영접하라.

우리가 하나님의 자녀가 되어서 영적 신분을 바꾸고 운명을 바꾸려면, 하나님께서 제시한 조건을 만족시켜야 합니다. 하나님의 조건은 우리가 거듭나야만 한다는 것이었습니다. 거듭나지 않으면, 영생을 얻지 못합니다. 하나님의 자녀가 될 수도 없습니다. 물론 하나님나라(천국)에도 못 들어갑니다. 그러므로 여러분을 반드시 거듭나야만 합니다.

지금 곧 예수 그리스도를 믿고 마음속에 모셔 들여서 영원한 생명을 얻으시기를 바랍니다.

소그룹 나눔 MEMO

기독교基督教인가, 개신교改新敎인가?

어떤 종교든지 자기 종교의 이름을 지을 때는 자신들이 믿는 신(대상)이나 사상이 무엇인지를 나타내는 이름, 즉 자신들의 종교적 정체성(identity)을 나타내는 이름을 사용합니다. 예를 들면, 부처를 믿기 때문에 「불교」라고 하고, 브라만을 믿기 때문에 「브라만교」, 마호메트를 믿기 때문에 「마호메트교」라고 합니다. 그러나 「개신교」라는 말은, "고쳐서 새로 만든 종교"라는 의미일 뿐, 무엇을 믿는 것인지 그 정체성이 없는 이름입니다. 뿐만 아니라, 개신교라는 이름은 역사적으로 16세기에 마틴 루터에 의해서 천주교에서 갈라져 나온 신생 종교임을 의미합니다. 즉 우리의 뿌리가 천주교에 있고, 천주교가 없이는 개신교는 존재할 수 없다는 것입니다.

반면에 「기독교」라는 이름은 우리의 신앙의 대상이 예수 그리스도라고 하는 신앙의 정체성을 분명하게 나타내면서 또한 역사적으로도 우리의 뿌리가 예수 그리스도와 1세기의 초대교회에 두고 있는 역사적으로 정통성을 지닌 종교임을 의미합니다.

이렇게 볼 때, 「개신교」라는 이름은 우리가 믿는 신앙의 정체성을 나타내지도 못하며, 그 믿는바 진리의 정통성과 유일성을 상실한 이름이므로 우리 기독교인들은 마땅히 쓰지 말아야 할 용어이며, 대신에 신앙적 정체성과 역사적 정통성을 가진 「기독교」라는 명칭을 신앙적 자부심을 가지고 사용해야 할 것입니다.

실제로 지난 2002년 1월에 8개 교단장들이 모여서 「개신교」라는 용어 대신에 「기독교」라는 용어를 사용하자는 데 의견을 같이 한 적이 있습니다. 왜냐하면, 「개신교」라는 용어는 '천주교에서 파생된 종교라는 의미에서 기독교를 하대(下待)하는 의미로 천주교에서 기독교를 호칭할 때 사용하는' 용어이기 때문에 「기독교」로 통일해야 한다는 것이었습니다(기독교연합신문, 2002.2.10.,p.1.).

4

문제의 해답을 발견하라

예수는 우리 범죄함을 위하여 내어 줌이 되고
또한 우리를 의롭다 하심을 위하여 살아나셨느니라
〈로마서 4:25〉

제4과 문제의 해답을 발견하라

문제에는 해답이 있기 마련입니다. 그리고 대부분의 경우에 문제의 해답은 문제의 원인과 관련되어 있습니다. 인생의 근본적인 문제도 마찬가지입니다. 인간이 하나님을 떠나게 된 궁극적 원인이 '죄'와 '죽음'의 문제이기 때문에, 문제해결을 위해서 하나님께서 마련하신 해답 역시 이와 관련되어 있습니다. 그러면 우선 먼저 하나님께서 이 문제의 해결을 위해서 어떠한 계획을 가지고 계셨는지, 하나님의 영원한 「구원의 계획」에 대해서 살펴보도록 하겠습니다.

I. 구원의 계획(예정)

1. 하나님과 아담의 계약 내용은 무엇입니까?

   〈창 2:16-17〉

2. 아담이 하나님의 명령을 어긴 결과는 무엇입니까?

   〈창 3:17-19〉

3. 그럼에도 불구하고 하나님은 무엇을 원하십니까?

   〈벧후 3:9〉

I. 구원의 계획(예정)

A. 구속사(Redemptional History)

1) 일반사(一般史, general history)
2) 구속사(救贖史, Redemptional History)

B. 아담의 타락

1) 창조
2) 계약
3) 타락
4) 저주와 죽음
5) 에덴 추방

C. 구원의 약속과 예표

1) 여인의 후손(창 3:15)
2) 가죽 치마(창 3:21)
3) 유월절 어린양(출 12:7, 13)
4) 구리 뱀(요 3:14-15 / 민 21:9)
5) 출애굽의 역사

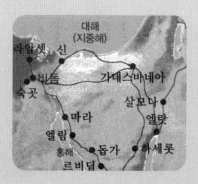

II. 구약의 제사와 그리스도

인간이 죄로 말미암아 하나님을 떠나서 영원한 사망과 심판에 처하게 되었음에도 불구하고, 하나님께서는 죄인 된 인간들을 그리스도를 통해서 구원할 계획을 가지고 계셨습니다. 이것을 미리 보여주신 것이 구약의 제사제도였습니다.

4. 세례요한은 예수를 무엇으로 묘사했습니까?

　〈요 1:29〉 _____

5. 독생자를 주신 동기와 목적은 무엇입니까?

　〈요 3:16〉 동기:　　　　　　　목적:

6. 구약의 제사와 그리스도의 제사의 차이는 무엇입니까?

　〈히 10:11-14〉 _____

심화학습

II. 구약의 제사와 그리스도

　A. 구약 제사의 의미

　B. 구약 제사의 성취인 그리스도(그림자와 실체)

Ⅲ. 그리스도의 십자가 대속

하나님의 위대한 「구원의 계획」에 따라서, 예수 그리스도께서 이 땅에 인간의 몸을 입고 오셨고(성육신, Incarnation), 십자가에서 온 인류의 죄악을 대속(代贖)하심으로써, 죽음의 원인이 되는 죄의 문제를 영원히 해결하셨습니다.

7. 죄 없으신 이로 우리를 대신하여 죄를 삼으신 이유는?

〈고후 5:21〉

8. 그리스도께서 나무에 달리심으로 하신 일은 무엇입니까?

〈벧전 2:24〉

〈갈 3:13〉

9. 그리스도께서 십자가에서 운명하실 때 생긴 일은?

〈마 27:50-51〉

심화학습

Ⅲ. 그리스도의 십자가 대속

A. 그리스도의 성육신

1) 대속의 자격 :

2) 대속의 대상 :

3) 성육신의 필요성 :

B. 그리스도의 십자가 대속

 1)장소 :

 2)방법 :

 3)죄목 :

 4)누구와 :

 5)성격 :

C. 그리스도의 십자가 대속의 결과

Ⅳ. 그리스도의 부활의 증거

인류의 가장 큰 궁극적인 문제는 죽음이고, 예수 그리스도의 부활은 이 죽음이 권세를 깨뜨리고 승리하신 하나님의 비밀병기였습니다. 이는 〈창세기 3:15〉의 성취이며, 사탄의 영원한 패배이고, 인류의 영원한 소망입니다.

10. 그리스도를 장사한지 사흘 만에 일어난 일은 무엇입니까?

〈고전 15:4〉

11. 예수의 부활에 대하여 유대인들이 퍼뜨린 거짓말은?

〈마 28:11-15〉

심화학습

Ⅳ. 그리스도의 부활의 증거

A. 부활 반대설

1)도적설 :
2)기절설(가사설) :
3)환상설 : ①주관적 환상설 :
　　　　　　②객관적 환상설 :

B. 부활의 증거

1)빈 무덤과 세마포
2)많은 증인들
3)제자들의 순교
4)하나님 말씀의 신실성
5)성령의 역사

V. 부활의 결과

예수 그리스도의 부활은 십자가 대속의 완전성을 입증하는 증거가 됩니다. 즉, 하나님께서 그리스도의 십자가의 제사를 받으셨고 인류의 모든 죄가 용서되어 깨끗하게 되었다는 증거요, 칭의(稱義)의 근거가 되며(로마서 4:25), 모든 믿는 자의 소망이 됩니다.

12. 만약 그리스도께서 부활하지 않았다면 그 결과는?

〈고전 15:17-18〉

13. 우리는 어떻게 의롭다 하심을 얻고 구원을 얻습니까?

〈롬 4:25〉

〈롬 5:10〉

심화학습

V. 부활의 결과

A. (속죄의 완성) 칭의

B. 사망 권세 정복

C. 부활의 첫 열매

Ⅵ. 유일한 구세주

인류의 근본문제는 하나님을 떠난 것이며, 그로 인해 죄와 사망이 인류에게 왔습니다. 그런데 그리스도께서 십자가에서 죄 문제를 해결하시고 부활에서 사망의 문제를 해결하심으로써 인류구원의 길을 완성하셨습니다.

14. 우리는 누구를 통해서만 하나님께 갈 수 있습니까?

〈요 14:6〉

15. 왜 다른 이로서는 구원을 얻을 수 없습니까?

〈행 4:12〉

심화학습

Ⅵ. 유일한 구세주

A. 예수 그리스도만이 해답이다.

1) 인류의 궁극적 문제는 죄와 죽음의 문제이다 .

2) 십자가에서 죄를 해결하심(히 9:26)

3) 부활에서 사망 권세 정복(고전 15:54)

4) 죄와 죽음의 문제를 해결하신 것은 오직 예수 그리스도 뿐이다.

위대한 이들의 최후의 말과 비교

① 석가모니 :

② 공자 :

③ 예수 그리스도 :

B. 유일한 구세주

1)예수님의 말씀 :

2) 가능성 - 〈양자택일을 해야만 한다.〉

※제3의 선택의 여지는 없음(세계 4대 성인 중의 하나,
위대한 종교적 선생, 또는 인류의 스승 등)

3)예수만이 유일한 구주가 되심 :

그러므로 이제 누구든지 예수 그리스도를 구주로 믿고 영접하면 죄사함을
받고 영생을 얻게 된 것입니다. 오직 예수 그리스도만이 죄와 죽음의 문제를
해결하시고 승리하셨기에 예수 그리스도는 유일한 구주가 되시는 것입니다.
지금 곧 예수를 믿고 영생을 얻으시기 바랍니다.

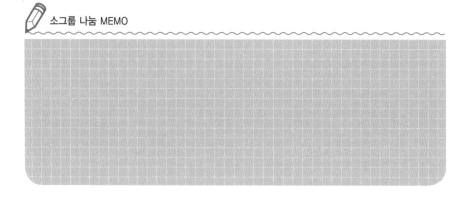

소그룹 나눔 MEMO

5

결단하라
(회개, 믿음, 영접)

네가 만일 네 입으로 예수를 주로 시인하며
또 하나님께서 그를 죽은 자 가운데서 살리신 것을
네 마음에 믿으면 구원을 얻으리니
사람이 마음으로 믿어 의에 이르고 입으로 시인하여
구원에 이르느니라 〈로마서 10:9-10〉

제5과 **결단하라** (회개, 믿음, 영접)

　앞에서 우리는 이미 예수 그리스도께서 십자가와 부활을 통해서 죄와 죽음의 권세에서 우리를 해방하셨다는 것을 알았습니다. 그렇다면, 우리가 어떻게 예수께서 이루어 놓으신 그 구원을 우리의 것으로 누릴 수가 있을까요? 죄를 회개하고, 예수를 믿고 영접하는 것입니다. 그러면 이제 회개부터 살펴보도록 하겠습니다.

I. 회개

1. 천국의 전제조건은 무엇입니까?

　〈마 4:17〉
_____

2. 하나님은 무엇을 기뻐하시나요?

　〈겔 33:11〉
_____

3. 회개란 무엇입니까?

　〈사 55:7〉
_____

4. 진정한 회개는 어떠합니까?

　〈마 3:8〉
_____

5. 회개한 사람에 대해서 하나님은 어떻게 하십니까?

　〈사 1:18〉
_____

　〈사 43:25〉
_____

I. 회개

A. 필요성
1) 죄는 하나님과 분리를 가져옴(사 59:2)
2) 회개 없이 구원 없다(눅 13:5 / 마 4:17).

B. 의미
1) 회심과 회개(행 20:21)

2) 용어 : 메타노에오($\mu\varepsilon\tau\alpha\nu o\acute{\varepsilon}\omega$ – 동사),
　　　　메타노이아($\mu\varepsilon\tau\acute{\alpha}\nu o\iota\alpha$ – 명사)

3) 정의 :

4) 회개는 의지적 결단이다.

C. 요소
1) 지知
2) 정情
3) 의意

D. 진정한 구원의 회개의 특징

E. 결과

II. 칭의

두 번째 살필 것은 '칭의(稱義)'라고 하는 것인데, 칭의란 "하나님께서 우리를 의롭다고 칭한다."는 말입니다. 다른 말로는 '의인(義認)'이라고도 합니다. 즉, "의롭다고 인정한다."는 말입니다. 이것은 우리가 의롭게 된다는 말이 아니라, 죄인임에도 불구하고 죄가 없는 의인으로 인정해준다는 말입니다.

6. 우리가 의롭다하심을 얻을 수 있는 것은 무엇 때문입니까?

〈롬 3:24〉
_____

7. 우리가 의롭다하심을 얻는 것은 무엇으로 됩니까?

〈롬 3:28〉   〈갈 2:16〉
_____

8. 칭의가 확실한 이유는 무엇인가요?

〈롬 8:33〉
_____

심화학습

II. 칭의

A. 의미

1) 용어 : 디카이오($\delta\iota\kappa\alpha\iota\omega$, treat as just).

2) 정의 :

B. 근거 : 그리스도의 구속으로 말미암아(롬 3:24, 5:9)

　　　①자기의 의(自己義 – self righteousness)

　　　②하나님의 의(롬 3:20-21)

C. 방법 : 예수를 믿음으로(롬 5:1, 3:28 / 갈 2:16)

D. 성격 : 하나님의 은혜의 선물(롬 3:24)

E. 결과 :

1) 사죄

2) 화해

3) 회복

4) 평안

Ⅲ. 믿음

우리가 회개하고 예수를 믿으면, 하나님께서는 "예수 믿는 사람을 의롭다고 하신다."고 하였는데, 그렇다면 과연 '믿음'이란 무엇일까요?

어느 주일학교에서, 분반공부 중에 교사가 주일학교 어린이들에게 질문했답니다. "여러분, 믿음이 무엇일까요?" 그랬더니 어떤 어린이가 손을 든 후에 대답하기를, "믿음이란, 그렇지 않다고 알고 있는 것을 그렇다고 말하는 것입니다."라고 대답했다나요. 자 그럼 이제 믿음에 대해서 살펴보겠습니다.

9. 베드로의 신앙고백은 무엇이었습니까?

〈마 16:16〉

10. 믿음의 양면은 각각 무엇입니까?

〈롬 10:9-10〉

11. 믿음은 어떻게 생깁니까?

〈롬 10:17〉   〈고전 12:3〉

심화학습

Ⅲ. 믿음

A. 대상

1) 예수 그리스도
2) 성경책, 교파, 교리, 교회가 아니다.

B. 의미

1) 용어 :

2)정의 :

C. 요소

1)(지적) 신앙 :

2)(정적) 시인 :

3)(의지적) 신뢰 :
※ 예화 : 나이아가라 폭포의 외줄타기 선수
      −1860년 9월 8일 프랑스 사람 36세 브론댄

〈나이아가라폭포 위에서 외줄타기 곡예〉

D. 출처

1)말씀(롬 10 :17)
2)성령(고전 12:3)

IV. 영접

〈요한복음 1:12〉에 보면, 영접과 믿음이 같은 사실을 의미하는 것으로 말하고 있습니다. 즉 예수님의 이름을 믿는다는 것은 예수님을 영접한다는 것과 같은 사실임을 말하고 있습니다. 즉 예수를 믿는다는 것이 단순한 지적 동의(知的 同意)가 아니라는 것입니다.

12. 결국 믿는다는 것은 무엇을 의미합니까?

〈요 1:12〉
_____

13. 영접한다는 것은 무엇을 뜻합니까?

〈계 3:20〉
_____

심화학습

IV. 영접(= 믿음과 동의어)

A. 의미

1)용어 :
2)정의 :
3)설명 :
4)구약의 '귀 뚫은 종' 과 'Christian' 의 의미

B. 결과

1)영생이 있다(구원, 요일 5:13).
2)하나님의 자녀가 된다(요 1:12).
3)풍성한 삶(요 10:10)

C. 방법

1) 회개
2) 믿음
3) 영접
4) 의뢰(양도)

V. 그 결과들

우리가 죄악을 회개하고 예수를 믿으면, 죄사함을 얻고 의롭다함을 얻으며(칭의), 영생을 얻고 거듭나서 구원을 받으며, 하나님의 자녀가 되고, 천국의 시민이 됩니다. 즉 이 모든 일이 동시에 일어나는 일들입니다.

문제는 이러한 사실을 아는 것이 아니라, 지금 바로 회개하고 예수를 믿고 영접해야 한다는 것입니다. 이것은 무엇을 행하는 행위의 문제가 아니라, 마음으로 결단해야 하는 일입니다. 일생에 단 한번 내리는 의지적 결단인 것입니다.

14. 그리스도 안에 있는 사람은 어떠한 존재입니까?

〈고후 5:17〉

15. 믿는 사람에게 있어서 그리스도는 어디에 계십니까?

〈고후 13:5〉

16. 아들이 있는 자는 무엇이 있습니까?

〈요일 5:12-13〉

V. 그 결과들

A. 동시적 사건들

B. 새로운 피조물

C. 결단

1) 폴맨(Fallman)의 그림 설명
2) 구원초청(회개, 믿음, 영접)

폴맨의 그림, 계 3:20

미국의 어느 대리점에서 2500명을 대상으로 "당신은 왜 실패했는가?"라는 설문지를 배부했는데, 그 조사된 30여 가지의 실패의 유형 가운데 가장 많은 답이 「결단력의 부족」으로 나타났다고 합니다.

신앙은 의지적 결단입니다. 죄를 버리고 죄로부터 영원히 돌아서기로 결단하는 것이 회개라면, 이제는 예수님을 주님으로 영접하고 자신은 예수님의 종이 되어서 모든 것을 주께 맡기고 "살아도 주를 위해서 살고 죽어도 주를 위해서 죽기로" 결단하는 것이 믿음입니다(로마서 10:9-10 ; 14:7-8). 이러한 회개와 믿음의 결단은 변덕스럽고 일시적인 감정적 결단이 아니라, 다시는 취소될 수 없는 일생에 한번밖에 없는 심각하고도 진지한 의지적인 결단인 것입니다. 지금 바로 여기서 예수 그리스도를 믿고 주님으로 영접하기로 결단하시기를 축복합니다.

소그룹 나눔 MEMO

그리스도인(Christian)과 제자

"그리스도인"이라는 말은 신약 성경에 세번 나오는데(행11:26, 26:28; 벧전4:16), 영어의「크리스챤(Christian)」의 번역입니다. 신약 성경의 원어인 헬라어(희랍어, Greek)에서 그리스도인이라는 단 어는「크리스티아노스($X\rho\iota\sigma\tau\iota\alpha\nu\acute{o}\varsigma$)」인데, 이 말은「크리스토스($X\rho\iota\sigma\tau\acute{o}\varsigma$, 그리스도)」에 형용사 어미「이아노스($\iota\alpha\nu o\varsigma$)」를 합한 형입니다. 이「이아노스」라는 어미는 '거대한 농장에 딸린 노예(종)'에 적용되었습니다. 이렇게 생각해 볼 때 그리스도인이란, 그리스도라는 분에게 소속된 노예(종)를 의미하는 말입니다. 노예는 주인을 위하여 살고 주인을 위하여 죽는 주인에게 속한 자입니다(롬 14:7-8).

그런데 성경은 말하기를, 예수의 제자들을 그리스도인들이라고 불렀다고 하였습니다(사도행전 11:26). 즉 성경을 통해서 볼 때, 이방 사람들이 그리스도의 제자들을 그리스도인이라고 불렀다는 것입니다. 따라서 우리는 그 말의 의미로 보나, 성경에 나타난 용법을 보나, 제자는 그리스도인을 의미한다는 것을 확실히 알 수 있고, 모든 그리스도인은 당연히 예수 그리스도의 제자이어야 한다는 것을 분명하게 알 수 있습니다.

그리고 예수의 제자들은 당연히 〈로마서 14:7-8〉을 고백하는 그리스도인들이어야 합니다.

"우리 중에 누구든지 자기를 위하여 사는 자가 없고 자기를 위하 여 죽는 자도 없도다 우리가 살아도 주를 위하여 살고 죽어도 주를 위하여 죽나니 그러므로 사나 죽으나 우리가 주의 것이로라(로마서 14:7-8)"

6

확신을 가져라
(구원의 확신)

내가 저희에게 영생을 주노니 영원히 멸망치 아니할 터이요
또 저희를 내 손에서 빼앗을 자가 없느니라 저희를 주신
내 아버지는 만유보다 크시매 아무도 아버지 손에서
빼앗을 수 없느니라 〈요한복음 10:28-29〉

제6과 확신을 가져라 (구원의 확신)

교인들에게 "만일 오늘 죽는다면 천국에 가십니까?"하고 물어보면, 확실하게 대답을 못하고 "글쎄요."하고 말끝을 흐리는 경우가 많습니다. 그만큼 구원의 확신이 부족하다는 것입니다. 이것은 자기의 행위를 의식하기 때문입니다. 과연 하나님의 뜻은 무엇일까요? 우리가 구원받았는지 확실히 알기를 원하실까요, 아니면 그냥 열심히 신앙생활 하기만을 원하실까요?

I. 확신의 가능성과 중요성

1. 당신이 그리스도를 믿음으로 영접한 결과는 무엇입니까?

〈고후 13:5〉

〈요일 5:13〉

〈요 1:12〉

심화학습

I-1. 확신의 가능성

A. 구원의 확신을 원하시는 하나님(요일 5:13)

B. 구원의 확신을 가능케 하시는 하나님(요일 5:13)

C. 마귀는 구원의 확신을 방해한다.
  〈엡 6:17〉 구원의 투구를 쓰라
  ※ 구원의 확신이 없으면, 마귀의 화전(火箭)에 맞음

그리스도인의 삶에 있어서 구원의 확신은 매우 중요합니다. 이는 마치 미국에 이주한 우리 교민들의 경우에 빗대어서 생각해볼 수 있습니다. 자기가 미국 시민권을 가지고 있음을 확실히 알고 미국에 살고 있는 것과 시민권에 대해서 불확실한 상태에서 살고 있는 것은 천지차이일 것입니다.

심화학습

I-2. 확신의 중요성

A. 평화와 기쁨을 가질 수 있다(요 14:27 / 빌 4:4).

B. 실제적인 그리스도인의 역할을 가능케 한다.

C. 하나님을 영화롭게 한다.
  1) 의심은 하나님을 기쁘시게 못한다(히 11:6).
  2) 자식은 아버지의 영예를 소중히 여긴다.

D. 장래에 대한 소망을 갖는다.
  1) 그리스도인은 밑져봤자 천국이다.
  2) 천국을 맡아 놓고 살면, 소망 중에 산다.

II. 착각과 의심의 이유들

교회에 다니는 수많은 사람들이 아무런 삶의 변화도 없이 그저 막연하게 "자기는 교회에 다니고 있으니까 구원받았겠지"하고 착각합니다.

반대로 신앙생활 하기는 하지만 자기는 너무 부족해서 아직 구원받지 못했을 것이라고 오해하는 경우도 많습니다. 그 어느 쪽이든 복음을 모르고 자기의 인간적인 면이나 행위에 의존하기 때문에 일어나는 현상들입니다. 하나님의 말씀과 성령의 조명 가운데 진정한 확신이 필요합니다.

2. 구원의 확신에 있어서 그릇된 접근 방법들은?

〈요 1:13〉

―――――――――――――――――――――

〈요 3:10〉

―――――――――――――――――――――

〈요 4:20〉

―――――――――――――――――――――

〈마 7:22-23〉

―――――――――――――――――――――

3. 구원의 확신을 갖지 못하는 핵심 요소는 무엇입니까?

〈롬 9:32〉

―――――――――――――――――――――

심화학습

II. 착각과 의심의 이유들

A. 착각의 이유들 (구원 받았다고)

B. 의심의 이유들 (구원 못 받았다고)

1)그리스도인의 생활에 대한 오해

2)명확한 경험에 대한 편견

3)그리스도인의 의무에 대한 태만

4)그리스도인답지 못한 생활

Ⅲ. 올바른 순서

〈로마서 3:20〉의 말씀처럼, 행위로는 하나님 앞에서 의롭다함을 얻을 수가 없습니다. 율법으로는 죄를 깨달을 뿐입니다. 그렇기 때문에 행위에 의존하면 아무도 구원의 확신을 가질 수가 없습니다. 공덕축적설(功德蓄積設)을 믿는 천주교에서 연옥설이 생긴 것을 보면 이를 여실히 증거하고 있습니다. 왜냐하면, 인간은 단 한명도 의인이 없고(로마서 3:10), 율법을 다 지킬 수 있는 사람도 없기 문입니다(야고보서 2:10). 그러므로 올바른 확신의 근거와 순서를 알아야 합니다.

4. 주의 말씀은 어떠합니까?

〈벧전 1:25〉

5. 사람의 말보다 더 믿을만한 것은 무엇입니까?

〈요일 5:9〉

6. 하나님의 말씀에 의하면 믿는 자에게는 무엇이 있습니까?

〈요일 5:13〉

7. 성령은 어디에 계십니까?

〈딤후 1:14〉
_____

8. 성령이 우리 영으로 더불어 증거하시는 것이 무엇입니까?

〈롬 8:16〉
_____

9. 무엇으로 진정한 회심 여부를 알 수 있습니까?

〈마 3:8, 7:20〉
_____

심화학습

III. 올바른 순서

A. 아닌 것

B. 올바른 순서(증거)

1)하나님 말씀에 근거한다.(객관적 증거) :

2)성령의 증거(주관적 증거) :

3)자기 삶의 변화(나타난 열매) :

4)올바른 순서
  3F = fact ⇒ faith ⇒ feeling

Ⅳ. 구원의 확고성

최근 한국교회 안에서는 행위구원을 주장하여 물의를 일으키는 경우들이 종종 있습니다. "진짜 구원받은 사람도 진짜 버림받을 수 있다."는 등 구원받은 그리스도인들도 죄를 짓거나 행위가 온전치 못하면 구원을 잃어버리게 되는 것처럼 오도하고 있습니다.

이러한 주장은 예수님의 십자가 대속의 효능을 무효화시키는 매우 잘못된 주장입니다. 우리의 구원은 십자가 대속에 의존하는 것이고 하나님의 은혜로 말미암은 것이지, 우리의 행위 여부에 달린 것이 아닙니다(에베소서 2:8-9). 그러므로 믿음으로 시작했다가 행위로 마치는 잘못에 빠지지 말아야 합니다(갈라디아서 3:2-3 / 로마서 9:32).

10. 무엇이 우리를 그리스도의 사랑에서 끊을 수 있습니까?

〈롬 8:38-39〉

11. 그리스도 안에 있는 자에게도 정죄함이 있습니까?

〈롬 8:1〉

그 이유는? 〈롬 8:33-34〉

12. 주께서 우리에게 영생을 주신 결과는 무엇입니까?

〈요 10:28〉

13. 영생을 얻은 자는 왜 심판에 이르지 않습니까?

〈요 5:24〉

Ⅳ. 구원의 확고성

A. 아무것도 그리스도의 사랑에서 우리를 끊을 것이 없다.

B. 우리를 정죄할 자가 없다.

(하나님께서 의롭다고 하셨기 때문에)

C. 이미 영생을 얻었기 때문에 영원히 멸망치 않는다.

(예수님이 보장하셨다.)

D. 구원은 완료된 것이다(요 5:24).

※ 옮겼느니라($\mu\varepsilon\tau\alpha\beta\acute{\varepsilon}\beta\eta\kappa\varepsilon$) : 완료형 →

소그룹 나눔 MEMO

7

특권을 누려라

그러므로 우리가 긍휼하심을 받고 때를 따라 돕는 은혜를 얻기 위하여
은혜의 보좌 앞에 담대히 나아갈 것이니라 〈히브리서 4:16〉

제7과 특권을 누려라

만약에 임꺽정이 백정의 아들로 태어나지 않고 사대부 집 아들로 태어났다면 어떤 인생을 살았을까요?

우리는 「벤허」 이야기를 통해서 주인공 '유다 벤허'가 로마의 함대 사령관 아리우스 제독을 구해준 일로 인하여 로마의 귀족인 아리우스의 양자가 되어 그의 신분과 유산을 상속받게 되었다는 것을 알고 있습니다.

마찬가지로 우리가 하나님의 자녀가 되면, 영적 신분이 바뀜과 동시에 그에 따른 특권들이 주어진다는 것을 알 수 있습니다. 〈요한복음 1:12〉에 의하면, 예수를 믿고 영접한 사람은 하나님의 자녀가 되는 권세가 있습니다. 이렇게 하나님의 자녀로 신분이 바뀐 사람에게는 그 신분에 따른 특권이 주어지기 마련입니다.

그렇다면, 우리가 거듭나서 하나님의 자녀가 된다면, 어떤 특권들이 있을까요? 제일 중요한 예배의 특권부터 살펴보도록 하겠습니다.

I. 예배의 특권

예수를 믿고 구원받아 하나님의 자녀가 되면 제일 먼저 주어지는 특권이 있는데, 그것은 만왕의 왕이신 하나님께 나아가서 하나님을 만나 뵙고 하나님께 경배할 수 있는 예배의 특권입니다.

아무나 왕 앞에 나아가서 알현하고 경배할 수 있는 것은 아닙니다. 왕의 친족들(Royal family)이나 대신들에게나 그러한 특권이 주어지는 것입니다. 그런 면에서 볼 때에 예배는 신자들에게 지워진 무거운 의무와 짐이 아니라 오히려 특권인 것입니다. 불신자들, 구원받지 못한 자들, 죄사함 받지 못한 자들, 하나님의 자녀 되지 못하고, 하나님의 백성이 되지 못한 자들은 결코 하나님 앞에 나아가서 예배드릴 수가 없습니다. 오직 참된 그리스도인들만이 하나님의 보좌 앞에 담대히 나아갈 수 있는 것입니다(히브리서 4:16).

1. 아버지께서 찾고 계신 사람들은 어떤 사람들인가?

〈요 4:23〉
_____

2. 그날이 가까울수록 더욱 힘쓸 일은 무엇입니까?

〈히 10:25〉
_____

3. 안식일을 거룩히 지키는 자의 축복 3 가지는 ?

〈사 58:13–14〉
_____

심화학습

I. 예배의 특권

A. 예배는 특권이다.

1) 용어 :

2) 정의 :
만왕의 왕이신 하나님 앞에 구속받은 그의 백성들이 나아와서,
그 위대하심과 그 베푸신 구속의 은혜를 인하여 감사와 찬양으로
최고의 존귀와 영광을 돌려드리는 경축적(celebrative) 경배행위

3) 특권 :

4) 자격미달 :

B. 중요성

1)신앙의 외적 보호벽이기 때문

2)하나님께 영광 돌리는 최고의 방법이기 때문

3)신앙의 성장을 가져오기 때문

4)축복의 원천이기 때문

C. 요소

1)찬송

2)기도

3)말씀

4)예물

D. 주일성수의 중요성

1)안식일에서 주일로의 변경(골 2:16)

2)성수주일의 축복(사 58:13-14)

3)초대교회와 말세교회의 특징(행 2:46 / 히 10:25)

　이와 같이 만왕의 왕이신 하나님 앞에 나아가서 경배할 수 있는 것은 그리스도의 피로 죄사함을 받은 자들의 특권이요, 하나님의 자녀로 하나님 나라의 백성이 된 자들의 특권인 것입니다. 뿐만 아니라, 잊지 말아야 할 것은 예배는 하나님께서 준비하신 축복의 통로라는 것입니다.

II. 말씀의 특권 (성경)

영국의 어떤 가난한 청년이 미국으로 건너가기 위해 있는 가재도구를 다 팔아 배표를 사서 배에 올랐습니다. 그런데 이 청년은 돈이 없어서 식사를 못하고 있었습니다. 옆의 사람이 "식사하러 갑시다." 하여도 돈이 없으니 갈 수가 없었습니다. 그렇게 여러 날을 보내니 배가 고파서 죽을 지경이 되었습니다. 이 청년은 "굶어죽으나 먹고 맞아 죽으나 일반이니 먹고 나 죽자!" 하고 식당에 들러서 실컷 먹었습니다. 얼마 있다가 종업원이 계산서를 가지고 왔습니다.

"계산서 받으세요."

"예." 하고 받아 놓았습니다. 그러고는 한참 기다렸습니다.

"싸인해 주세요."

"돈이 없습니다."

"손님, 식사대는 배표에 다 포함되어 있습니다. 계산이 맞는지 확인만 해 주십시오."

그 청년은 마음껏 먹을 수 있는 권한을 가지고 있었음에도 불구하고 그동안 알지 못하여서 굶었던 것입니다.

4. 하나님의 약속의 특징은 무엇입니까?

〈고후 1:20〉

5. 순전하고 신령한 젖을 사모해야 할 이유는 무엇입니까?

〈벧전 2:2〉

〈히 5:14〉

6. 무엇이 하나님의 사람으로 온전케 합니까?

〈딤후 3:16-17〉

II. 말씀의 특권 (성경)

A. 명칭 :

① Bible (헬)비블로스($\beta\iota\beta\lambda o\varsigma$) –

② Scripture(문서, 기록물)

③ Testament(유언, 언약) –

B. 하나님의 영감 된 계시

1)일반계시(자연계시)

2)특별계시(초자연계시)

3)성경 : 특별계시의 기록

C. 성경의 중요성 : 하나님의 언약의 말씀(창 15:9-21)

※ 언약의 의미 :

D. 성경의 필요성

1)중생(벧전 1:23) ⟹

2)믿음 성장(롬 10:17) ⟹

3)축복과 성장 ⟹

E. 성경의 완전성

1)유일성

2)필요성

3)명료성

4)충족성

　지금도 많은 사람들이 성경을 읽고 배우는 것을 짐스러운 의무로만 알고 있으면서, 하나님의 언약을 잘 모르기 때문에 약속된 축복을 누리지 못하고 있는 것은 매우 안타까운 일입니다.

Ⅲ. 기도의 특권

많은 그리스도인들이 기도에 대해서 오해를 하고 있습니다. 기도는 신자의 의무인 것으로 인식하고 있습니다만, 실상 기도는 그리스도인의 특권입니다. 누가 만약 아무 때든지 청와대의 대통령에게 전화해서 무엇이든지 부탁하면 반드시 들어준다는 약속을 받았다면, 그것은 특권임이 분명합니다.

하나님은 온 세상을 창조하신 분이시고, 지금도 우주를 주관하고 계신 절대자시요 만왕의 왕이십니다. 우리가 하나님의 자녀가 된 순간부터 우리는 하나님의 존전에 나아가서 때를 따라 돕는 은혜를 구할 수 있는 기도의 특권을 누리게 되었습니다(히브리서 4:16). 예수님께서는 우리가 예수님의 이름으로 하나님 아버지께 무엇을 구하든지 받게 될 것이라고 약속하셨습니다(요한복음 14:13-14 ; 16:23-24).

7. 예수께서는 구하면 어떻게 된다고 하셨습니까?

〈요 16:24〉

8. 어떤 일에 기도와 간구가 필요합니까?

〈빌 4:6〉

9. 언제, 어떻게 기도해야 합니까?

〈살전 5:17, 엡 6:18〉

Ⅲ. 기도의 특권

A. 기도 : 하나님과의 대화

B. 기도의 이유

1)응답하시니까
2)약속 있는 명령(요 14:13-14, 요 16:24)

C. 모든 일에, 성령 안에서 기도하라

1)모든 일에(살전 5:17 / 빌 4:6) :
2)성령 안에서(엡 6:18 / 유 1:20) :

D. 기도의 필요성

1)하나님의 도우심을 위해서
2)능력을 얻기 위해서
3)신앙의 성장을 위해서

E. 하나님이 살아계심을 믿는다면 기도하라

F. 기도목록을 만들라

오늘날의 성도들이 옛날 신앙의 선배들에 비해서 자신감이 없고 역동적인 신앙생활을 하지 못하는 이유는 기도응답의 체험이 없기 때문입니다. 다음 항목(성령의 인도하심)을 참고하면서 "성령 안에서(엡베소서 6:18), 성령으로(유다서 1:20)" 기도하기를 힘써 보시기 바랍니다(로마서 8:26-27).

Ⅳ. 성령의 인도하심

하나님의 자녀들에게 주어진 또 하나의 특권이 있는데, 그것은 바로 성령 하나님의 인도하심입니다. 마치 이스라엘이 출애굽 이후 가나안 땅에 들어갈 때까지 구름기둥과 불기둥으로 인도하신 것과 같습니다(출애굽기 40:34-38). 예수님께서는 승천하신 후에 성령을 보내주시는데(요한복음 16:7), 그 성령님은 영원토록 우리와 함께 있을 것이라고 약속하셨습니다 (요한복음 14:16). 이제 그 성령님께서 우리에게 모든 것을 가르치시고 생각나게 하실 것이라고 하셨습니다(요한복음 14:26). 이렇게 성령의 인도함을 받는 사람이 바로 하나님의 아들입니다(롬 8:14).

10. 어떤 사람이 하나님의 아들입니까?

〈롬 8:14〉

심화학습

Ⅳ. 성령의 인도하심

A. 인도의 필요성

1) 당신의 앞길은 예측불가(인생은 오픈 게임이 없다)
2) 안내자를 잘 만나야
3) 광야에서의 구름기둥과 불기둥

B. 인도자 되신 성령(롬8:14)

1) 하나님의 모든 것을 통달하시는 성령(고전 2:10)
2) 최고의 인도자 되시는 성령(행 16:6-10)

C. 중요성

1) 소속의 문제 :

2) 승리 :

예수님께서는 세상 끝날까지 우리와 함께 있겠다고 약속하셨습니다(마태복음 28:20). 그리고 그 약속대로 오늘도 성령님을 통해서 우리와 함께하시며 우리를 인도하고 계십니다(롬 8:14). 그러므로 우리는 항상 성령 안에서 기도하며(에베소서 6:18), 성령님의 음성에 귀를 기울려야 합니다(롬 8:26-27 / 요한복음 14:26).

우리 그리스도인들의 삶과 사역은 성령님의 인도함을 얼마나 어떻게 받느냐에 달려있다고 해도 과언은 아닐 것입니다.

V. 전도의 특권

사극 중에 태조 왕건을 본적이 있습니다. 왕건이 공산에서 견훤에게 포위되어 절체절명의 순간에 처하게 되었을 때에 신숭겸이 왕건의 왕복을 입고 왕으로 가장하여서 자기는 죽고 왕건을 구하는 장면에서, 마지막 작별을 할 때에 땅에 엎드려 왕건에게 절하면서 "형님 폐하, 부디 대업(삼국통일)을 이루소서!"하고 마지막 말을 하는데 아주 감동적이었습니다. 물론 사후에 그 공로에 따라 예우를 받았음은 말할 것도 없습니다.

우리가 사람으로 태어나서 가장 보람 있는 일은 무엇일까요? 바로 예수 그리스도와 함께 천국건설(天國建設, 하나님나라 확장)에 동참하여 『하나님나라의 개국공신』이 되는 것이 아닐까요? 우리는 이것을 일컬어 전도(傳道) 또는 선교(宣敎)라고 합니다.

11. 예수님의 마지막 부탁은 무엇입니까?

〈마 28:19〉

12. 전도가 왜 필요합니까?

〈고전 1:21〉

V. 전도의 특권

A. 전도가 무엇인가?
1) 전도는 제자를 삼는 것이다(弟子化, make disciple).
2) 씨만 뿌리면 되는가, 추수가 목적인가?
3) 의미 :

B. 이유(왜)
1) 예수님의 지상명령(至上命令)
2) 영혼구원 :

C. 전도는 말로 하라
1) 3p 전도 :
2) (말로) 선포하고 설득하는 것이 전도이다.
3) 그러나 현존은 메시지를 보증한다.

D. 씨뿌리고 물주는 것도 전도이다.
1) 내가 씨를 뿌렸으나, 남이 추수할 수도 있다.
2) 그러므로 씨뿌리는 것도 전도이다.

E. 성령께서 함께하셔야 한다.
1) 믿음은 모든 사람의 것이 아니다(살후 3:2).
2) 성령께서 감동하셔야 한다(고전 12:3).

F. 축복 : (마 28:19-20)

G. 상급 : (단 12:3)

전도는 특권일까요, 아니면 사명일까요?

전도가 하나님께서 주신 사명 가운데 최고의 사명인 것은 의심의 여지가 없습니다. 그렇기 때문에 주께서 주신 전도의 명령을 지상명령(至上命令 – 최고의 명령)이라고 합니다.

그러나 한편으로 생각해 보면 전도는 특권이도 합니다. 〈고린도후서 5:18〉에 보면, 하나님께서는 우리에게 화목(和睦)하게 하는 직책을 주셨다고 했고, 〈고린도후서 5:20〉에 보면, 이러한 직책은 그리스도를 대신하는 전권대사(사신, 使臣)의 직책이라고 하셨습니다. 이로 보건데 전도는 그리스도의 사신이 되어서 파송된 특별한 지위를 가진 사람의 사명이기에, 천국 확장이라는 하나님나라 건설에 동참하는 개국공신이 될 수 있는 특권임을 알 수 있습니다.

소그룹 나눔 MEMO

8

축복의 원리를 적용하라

이것이 곧 적게 심는 자는 적게 거두고 많이 심는 자는 많이 거둔다 하는 말이로다
각각 그 마음에 정한 대로 할 것이요 인색함으로나 억지로 하지 말찌니
하나님은 즐겨 내는 자를 사랑하시느니라 〈고후 9:6-7〉

제8과 축복의 원리를 적용하라

하나님께서는 자기 백성인 아브라함의 자손들에게 축복받는 풍성한 삶의 원리를 알려주셨습니다. 우리 그리스도인들은 비록 혈통적으로는 약속의 백성이 아니지만, 예수 그리스도를 믿음으로 말미암아 하나님의 생명인 영생을 얻어서 구원받았고 하나님의 자녀가 되는 권세를 얻었습니다. 그리하여 영적으로는 믿음으로 말미암는 아브라함의 아들이 되었고(갈라디아서 3:7), 아브라함과 함께 복을 받게 되었습니다(갈라디아서 3:9).

이제 몇 가지 기본적인 축복의 원리들을 살펴보면 다음과 같습니다.

I. 순종

우리나라 침례교의 순교자 중에 전치규 목사님이란 분이 있었습니다. 이분은 1910년 한일합방의 소식을 듣고 나라를 찾아야 한다면서 원산에 있는 선교사 펜윅(M. C. Fenwick)을 찾아갔습니다. 펜윅 선교사는 그에게 새로운 학문도 가르치고 또 성경도 가르쳐 주었는데, 전치규는 고지식하여 스승의 말이라면 절대 순종하였다고 합니다.

한번은 펜윅 선교사가 제자들을 모아놓고 "이제 여러분들은 무 한 개씩 가지고 나가 밭에다가 심되 거꾸로 심고 오시오" 라고 지시하였습니다. 선교사의 말은 이치에 맞지 않았고, 그래서 다른 제자들은 무를 거꾸로 심지 않고 바르게 심고 돌아왔습니다. 그러나 전치규 만이 스승의 말에 순종하여 무를 거꾸로 심었습니다. 펜윅 선교사는 전치규의 순종에 탄복하여 일생동안 동역자로 함께 일했고, 속칭 『원산 번역』이라 불리는 신약성경을 같이 번역하였습니다.

1. 하나님이 기뻐하시는 것은 무엇입니까?

〈삼상 15:22-23〉

2. 말씀 순종에 대한 하나님의 두 가지 약속은?

〈수 1:8〉

심화학습

I. 순종

A. 의미

1)용어 :

2)정의 :

B. 사울과 다윗

1)사울의 불순종(삼상 13:9-15, 15:17-23)

2)하나님의 마음에 합한 다윗(행 13:22)

C. 전적 순종

1)하나님께 쓰임 받는 비결

D. 순종의 축복(수 1:8)

1)아브라함 – 바실레아 슈링크 – 역설의 하나님

E. 순종의 법칙

1)우리는 절대 순종

2)하나님은 합력하여 선을 이루심

에덴동산에서의 핵심적인 문제는 무엇이었습니까? 바로 불순종이었습니다. "선악과를 따먹지 말라"는 하나님의 말씀보다는 "결코 죽지 않고 오히려 하나님과 같이 지혜롭게 될 것이라"는 사탄의 유혹과 "보암직하고 먹음직하고 지혜롭게 할 만큼 탐스럽다"는 자신의 생각을 따랐던 것입니다. 오늘날도 모든 그리스도인들에게 있어서 순종의 문제는 "에덴동산에서 살 것인가, 아니면 에덴동산에서 쫓겨나서 살 것인가"를 결정짓는 또 하나의 선악과입니다. 하나님의 뜻에 절대 순정하기로 결단해 봅시다.

II. 전적 의존

옛날 어느 나라 왕이 인류의 역사를 기록해보라고 신하들에게 지시하였습니다. 학자들은 열심히 연구하여 여러 권의 책으로 만들어냈습니다. 왕은 "책이 너무 방대하니 줄이라"고 하였습니다. 자꾸 자꾸 줄이다보니, 한권으로 줄이게 되었는데, 나중에 줄이고 줄이다보니, 단 한 장에다가 괴로울 "고(苦)" 자만을 써놓고 나머지는 백지였다고 합니다.

이렇게 피곤한 인생들에게 참된 평안과 안식을 주시려고 예수께서는 오늘도 초청하고 계십니다(마태복음 11:28 -30).

3. 우리의 염려들을 어떻게 해야 합니까?

〈벧전 5:7〉

4. 참된 안식의 비결은 무엇입니까?

〈마 11:28-30〉

II. 전적 의존 (맡기는 삶)

A. 의미 :

B. 방법

1)자신의 수단, 방법, 지식, 경험을 포기
2)오직 주의 인도하심에 맡김

C. 순종의 길

1)자기 부인의 길
2)따르는 길

D. 결과 : 쉼과 형통

1)멍에의 원리(마 11:28-30)
2)하나님이 책임지시는 인생

인생이 너무 힘들고 피곤하십니까? 모든 것을 예수님께 맡기고 의지하십시오. 주님께서는 당신의 무거운 멍에를 같이 메기를 원하고 계십니다(마태복음 11:28-30). 아무 것도 염려하지 말고 오직 모든 일을 주님께 아뢰라고 말씀하고 계십니다(빌립보서 4:6-7). 하나님은 날마다 우리 짐을 져주십니다(시편 68:19). 주님을 의지하면 주님이 이루십니다(시편37:5).

Ⅲ. 성도의 교제

신자들 중에서 가장 신앙이 성장하지 않는 사람들이 누군지 아십니까? 그건 바로 주일날 예배 시간에 신앙고백(사도신경)과 함께 들어와서 축도와 함께 나가는 사람들입니다. 그들의 특징은 개인주의적이고 성도의 교제가 없다는 것입니다. 성도의 교제(코이노니아, koinonia)는 교회의 특징입니다. 그것은 교회가 그리스도의 몸이고 그리스도인들은 교회의 지체들이기 때문입니다(에베소서 1:23 / 고린도전서 12:27).

5. 그들이 모여서 힘써 한 일은?

〈행 2:42〉

심화학습

Ⅲ. 성도의 교제

A. 근거 :

B. 정의 :

C. 중요성

1)주님의 뜻(서로 사랑)

2)교회의 특징은 코이노니아

※ 현대교회의 특징 :

3)숯불의 원리 :

2세기의 사상가 셀서스(Celsus)가 쓴 「진실한 담화(True Discourse)」라는 글은 역사상 최초로 기독교를 비판한 책입니다. 그는 그 책에서 당시의 기독교인들을 이렇게 비평하였습니다. "그들은 논리와 상식을 벗어난 사람들이다. 그들은 인사도 나누기 전에 사랑하며 알지도 못하면서 사랑한다."

논리적으로는 맞는 말일지는 모르지만, 초대교회 성도들이 얼마만큼 사랑을 생활화하고 있었는지를 증명해 주는 글입니다. 그들은 상대방의 경제적 상황, 사상적 배경, 사회적 지위, 인종과 민족을 따지지 않고 사랑했던 것입니다.

오늘날 개인주의가 판을 치고 대중 속의 고독이 일반화되어 있는 사회 속에서, 외로움을 극복하고 포근한 행복을 누리며 사는 비결은 그리스도 안에서 풍성한 성도들의 교제를 통해 진정한 「코이노니아 공동체」를 이루는 것입니다.

만일 당신의 교회생활이 메마르고 재미가 없다면, 『성도의 교제』에서 답을 찾아 보시기 바랍니다.

Ⅳ. 헌신과 섬김

농사의 법칙과 인생의 법칙의 동일한 점은 심은 대로 거둔다는 것입니다(갈라디아서 6:7). 그래서 적게 심는 자는 적게 거두고 많이 심는 자는 많이 거둡니다(고린도후서 9:7). 그렇기 때문에 우리는 할 수 있는 대로 사람들에게 착한 일을 해야 하고(갈라디아서 6:10), 하나님께 충성을 다하여 헌신해야 하는 것입니다(요한계시록 22:12).

6. 온전한 십일조에는 어떤 축복의 약속이 있습니까?

〈말 3:8〉

7. 하나님은 어떤 자를 사랑하십니까?

〈고후 9:7〉

Ⅳ. 헌신과 섬김

A. 그리스도인의 삶의 표준
1)진실 :

2)섬김 :

3)야고보서에서 문제 삼는 것

B. 하나님께 헌신
1)헌금 많이 즐겨 내는 자를 사랑하신다(고후 9:6-7).
2)그리스도인은 청지기이다. ⇒

3)십일조의 축복 약속(말 3:8)

C. 이웃을 섬김
1)선한 사마리아인(눅 10:29-37)
2)종의 자세(섬기는 자)
3)베푸는 자의 축복(눅 6:38)

　필자가 신학교 시절에 신사훈 박사님께서(당시의 서울대학교 문리과대학 종교학과 주임교수) 수업시간에 하신 말씀들 중에서 기억나는 것이 있는데, "당신의 주일학교 교육이 성공하였는지를 어떻게 알 수 있습니까? 그것은 당신이 가르친 어린이들이 자라서 『주일성수』와 『십일조』를 하게 된다면 당신의 주일학교 교육은 성공한 것이고, 그렇지 않다면 실패한 것입니다."라는 말씀입니다.

　그런데, 오늘 우리가 또한 깨달아야 할 진리는 "주일성수와 십일조가 축복받는 비결이라는 사실"입니다.

V. 우선순위

지도자와 보통사람의 차이가 무엇인줄 아십니까? 어떤 리더십 책에 의하면, "지도자는 자기가 해야 할 일을 먼저 하지만, 보통사람은 자기가 하고 싶은 일을 먼저 한다."고 합니다. 우선순서가 다르다는 말입니다.

예수님께서도 먼저 구할 것이 무엇인지를 말씀하시면서, 그것이 성공의 비결임을 말씀하셨습니다(마태복음 6:33).

8. 예수님께서는 먼저 무엇을 구하라고 하셨습니까?

〈마6:33〉
_____

9. 당신은 무엇을 위해 심겠습니까?

〈갈 6:7-8〉
_____

심화학습

V. 우선순위

A. 인생과 신앙의 법칙
1) 심은 대로 거둔다.(갈 6:7 / 고후 9:6)
2) 요행을 기다리는 사람들

B. 우선순위가 중요하다.
1)예수님의 교훈(마 6:33)
2)어느 강사의 실증(굵은 돌, 잔돌, 모래)

C. 그리스도인의 우선순위

1) 하나님(God 1st)
2) 이웃(Others 2nd)
3) 나(Me last)

※ 혹시 당신의 우선순위가 역순은 아닌지요?

〈마태복음 6:33〉에서 "너희는 먼저 그의 나라와 그의 의를 구하라 그리하면 이 모든 것을 너희에게 더하시리라"고 말씀하셨습니다. 여기서 「이 모든 것」은 바로 앞에 있는 「먹을 것, 마실 것, 입을 것」을 가리킵니다(마태복음 6:31-32). 예수님께서는 "결국은 인생에 있어서 올바른 우선순서가 풍성한 삶의 비결이라"는 매우 중요한 진리를 말씀하셨던 것입니다.

이 〈제1단계〉 과정의 훈련을 마치면서 과연 당신의 우선순서는 무엇인지요? 이것이 당신의 미래를 좌우하게 될 것입니다. 아직도 당신이 하나님을 제3순위에 모시고 있지나 않은지 솔직하게 당신을 점검해 보시기 바랍니다.

주님께서는 우리가 하나님과 물질을 겸하여 섬길 수는 없다고 하셨습니다(마태복음 6:24). 오히려 우리가 하나님을 우선적으로 섬기게 되면, 하나님께서 그런 것들을 더하여 주실 것이라고 하셨습니다(마태복음 6:33).

과연 이제부터의 당신의 선택은 무엇일까요?

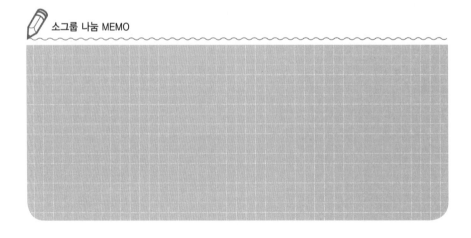

소그룹 나눔 MEMO

🔊 나의 수강 소감

저자 약력

유한공고 기계과(7회)
한국방송통신대학 초등교육학과(2회)
성결대학교 신학과(13회)
서울신학대학교 신학대학원(신학석사, M. Div.)
서울신학대학교 신학전문대학원(신학석사, Th. M. / 신학박사, Th. D.)
예수교대한성결교회 평강교회 담임목사(현)
성결대학교 외래교수(현)
성결대학교 평생교육원 교수(현)

저서

천주교도 기독교인가?
천주교를 배격하는 7가지 이유
목사님의 답변
신앙에도 F. M.이 있습니다.
예배갱신운동의 정체(I)
예배갱신운동의 정체(II)
칼빈의 성찬론
전통음악과 예배갱신운동의 함정
교회력과 색깔 사용의 위험
까운과 스톨
강대상의 배치와 강단 장식
위험한 상징들
리마 예식서의 정체
현대인을 위한 성탄 메시지(강해설교)
캡슐 가상칠언(강해설교)
예배가 살아야 교회가 산다.